JUNIORLÄRARE
ALLT OM HUNDAR

CHARLOTTE THORNE

upphovsrättsskyddad till Thomasine Media 2023
bilder är licensierade och tillhör sina respektive ägare.
www.thomasinemedia.com
ISBN: 979-8-8690-0097-2

JUNIORLÄRARE

ALLT OM HUNDAR

CHARLOTTE THORNE

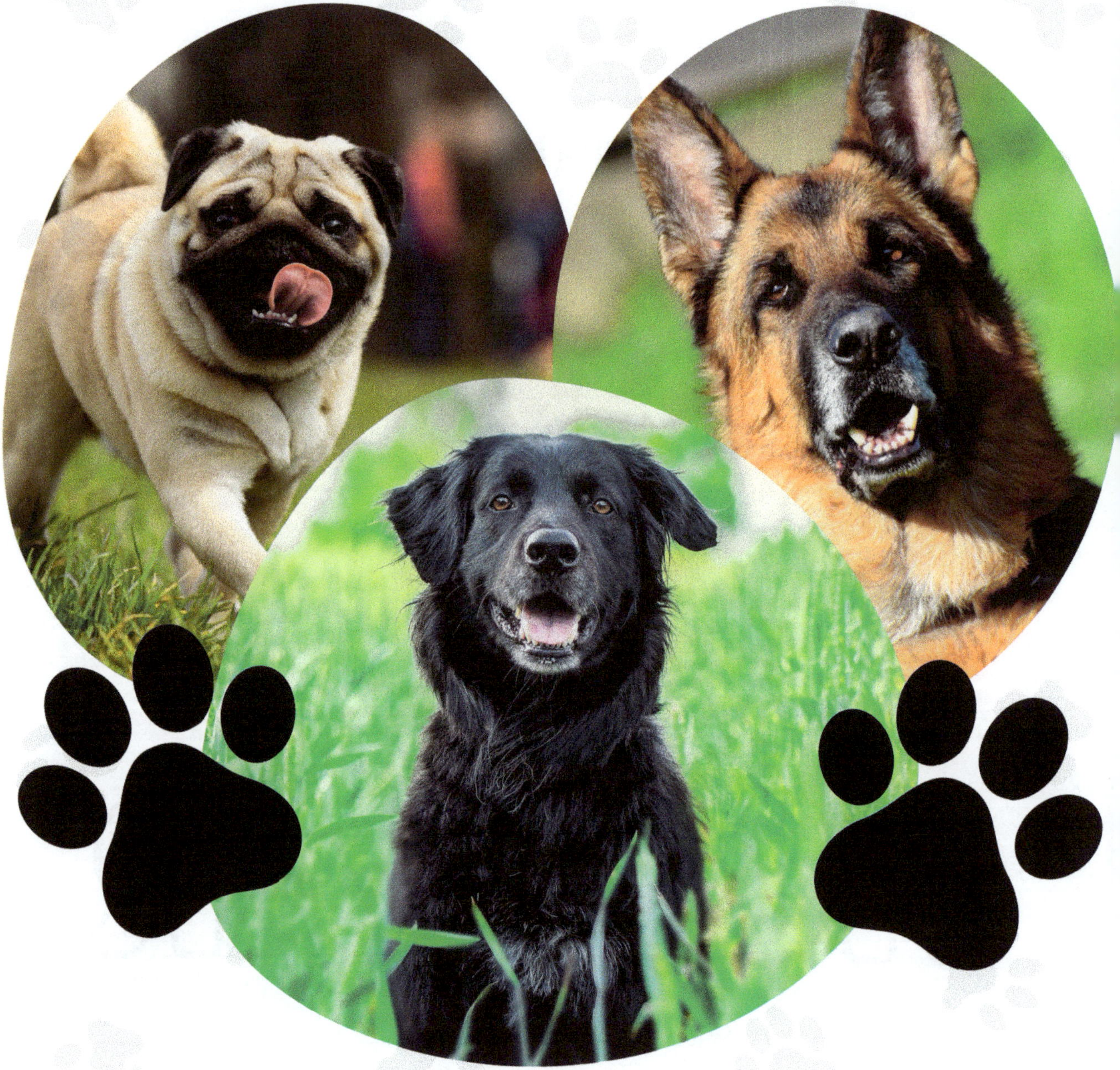

Hundar kallas ofta för människans bästa vän. De är fantastiska djur som har levt med människor väldigt länge.

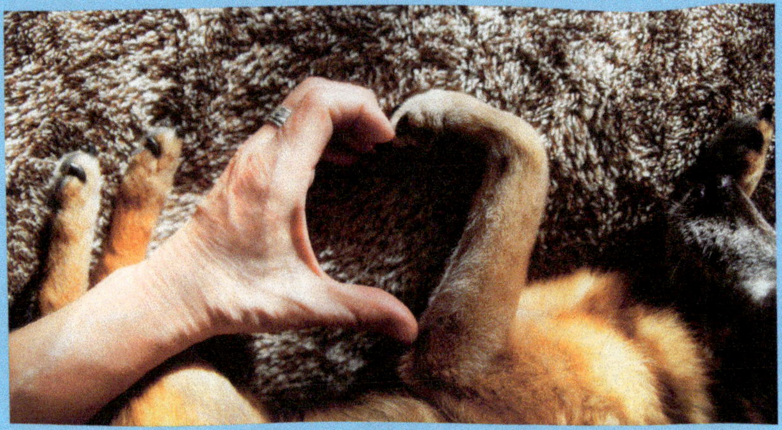
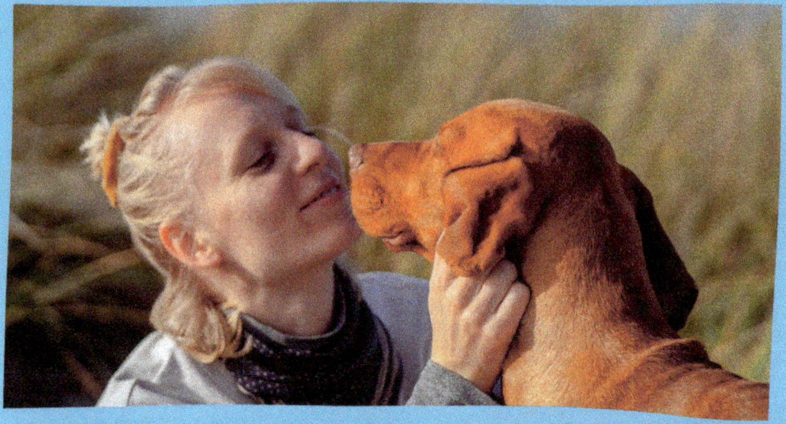
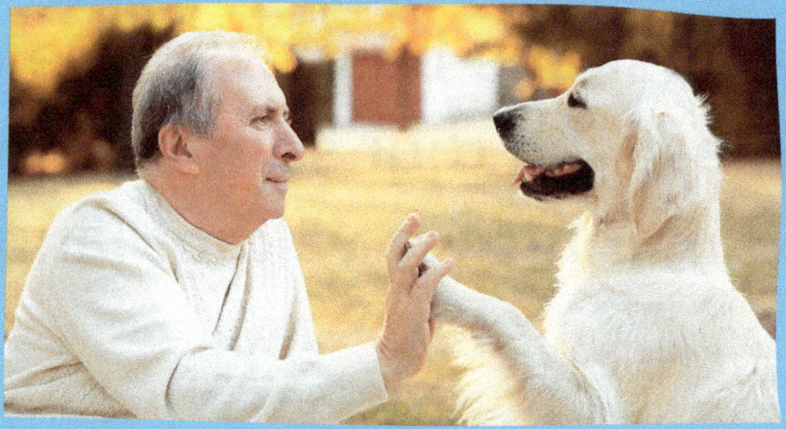

Hundars domesticering går hela vägen tillbaka till den grå vargen. Domesticering innebär att människor tämjde ett djur för att leva med oss.

På grund av selektiv avel har människor skapat alla olika typer av jobb för hundar!

I det antika Egypten hade guden Anubis huvudet av en schakal, som ett djur relaterade till hundar.

En berömd grottmålning i Europa föreställer forntida människor som jagar med forntida hundar.

Under krig tjänade hundar som krigsdjur och hjälpte soldater med farliga jobb.

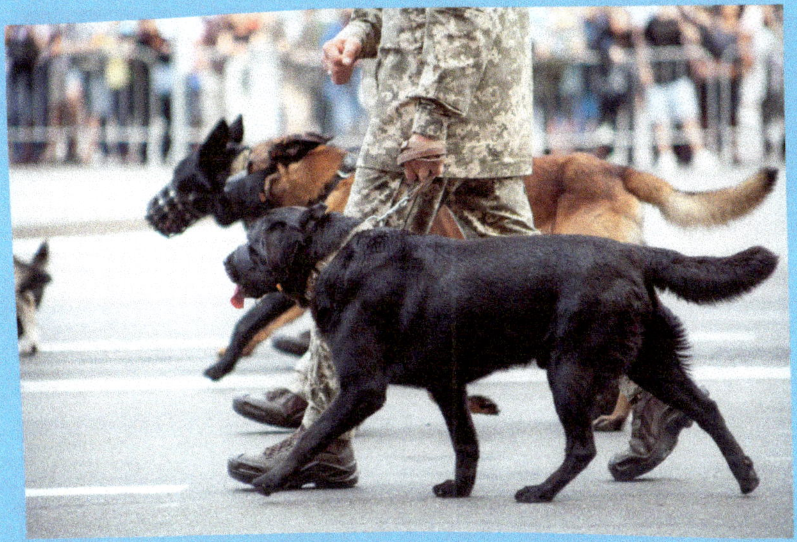

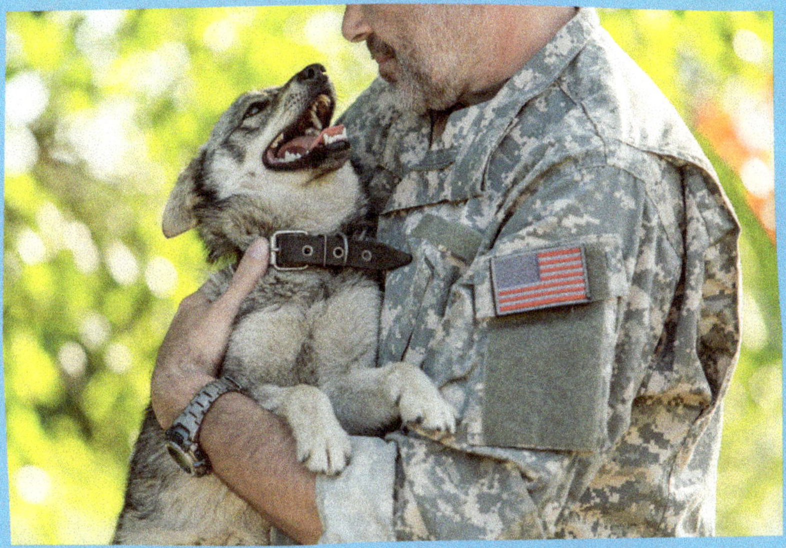

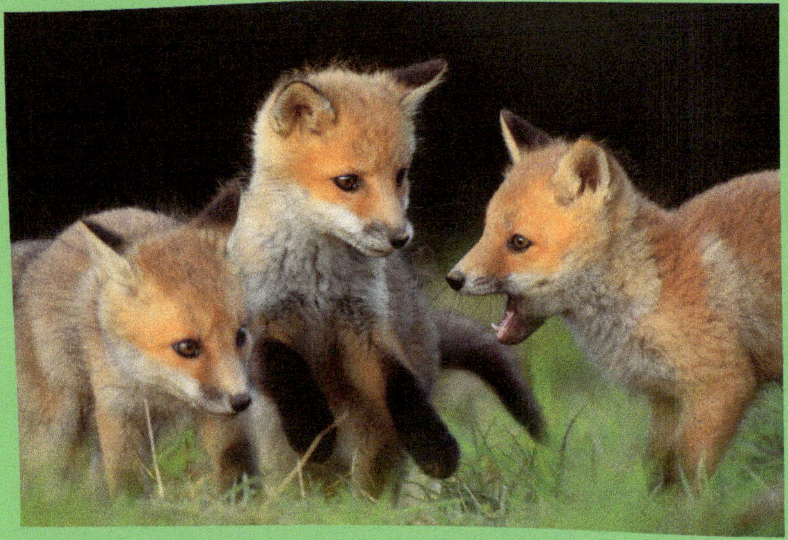

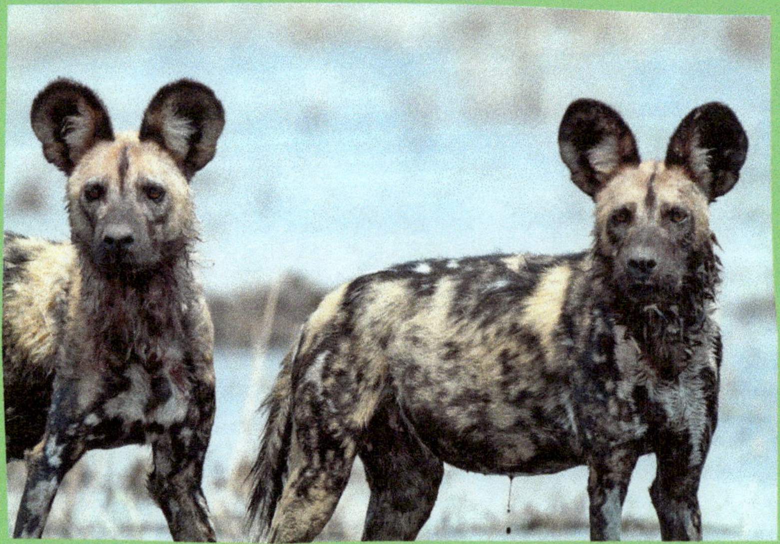

Hundar tillhör familjen Canidae. Familjen Canidae inkluderar även vargar, rävar och andra vilda hundar.

Hundar kan lukta mycket eftersom de har 300 miljoner receptorer.

Deras hörsel är otrolig. De kan höra högfrekventa ljud som vi inte kan.

Det finns många kända hundar över hela världen.

Lassie the Rough Collie är en ikon i böcker, filmer och tv. Hon är känd för sina räddningsuppdrag.

Balto the Husky ledde ett spann med hundspann över Alaska 1925. De levererade ett viktigt läkemedel till sjuka människor.

Rin Tin Tin den schäfer var en av de mest kända hundskådespelarna och anses vara världens första hundfilmstjärna.

Låt oss ta en titt på de olika hundraserna.

Labrador retriever är vänliga hundar. De har en kärlek till vattnet.

Schäfer är smarta och starka. De är brukshundar och har skyddande egenskaper.

Golden Retriever är lekfulla, populära raser. De är vackra och fyllda med personlighet.

Bulldoggar är skrynkliga och har tjocka kroppar. De är tillgivna valpar.

Beagles är nyfikna hundar och används i jakt. De har floppiga öron.

Pudlar är en av de mest intelligenta hundraserna och är kända som fancy hundar.

Rottweiler är kraftfulla hundar. De är älskvärda bebisar.

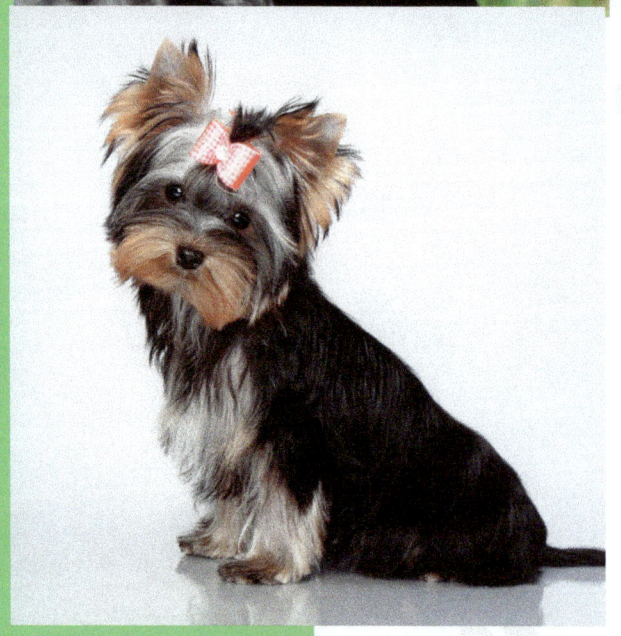

Yorkshireterrier är små energiknippen. De har långa kappor och älskar att resa i handväskor.

Boxare är lekfulla valpar. De har ett fyrkantigt huvud och älskar att vara aktiva.

Taxar är långa "korvhundar", vilket gör dem unika. De har en stor anda för en liten kropp!

Siberian Huskies drar slädar och är mycket högljudda, vänliga hundar. De har klarblå ögon också.

Doberman Pinscher är snygga, starka hundar. De är skyddsväktare.

Shih Tzus är små knähundar. De är mycket vänliga husdjur.

Grand Danois är väldigt långa hundar. De kan vara väldigt söta.

Border Collies är smidiga och smarta. De har mycket energi.

Shetland Sheepdogs är hörselhundar. De är kända för sin tjocka man av päls.

Chihuahuas är små men har stora hjärtan. De är söta när de respekteras.

Pembroke Welsh Corgis är små men har stora öron. Överraskande nog är de hörande hundar.

Saint Bernards är kända för sitt räddningsarbete. De är milda jättar.

Australian Shepherds är smarta och smidiga husdjur. De arbetar som vallhundar.

Mopsar är små, skrynkliga sötnosar. De har en väldigt lekfull men envis natur.

Alaskan Malamutes är slädhundar och kan överleva i kalla klimat.

Australiska terrier är små med en grov päls. De är fantastiska husdjur.

Basenjis har jodelliknande yowls. De är supersmarta och självständiga hundar.

Bichon Frisés ser ut som moln. De har glada personligheter.

Blodhundar har hängande öron och ett fantastiskt luktsinne. De används också vid räddningar.

Boston Terriers har smokingrockar. De är vänliga valpar.

Cavalier King Charles Spaniels har de bästa personligheter och vackra pälsar.

Cocker spaniels har långa silkeslena öron och har en känsla av klass över sig.

Engelska mastiffer är jättehundar! De är lugna och söta.

Akitas är ädla husdjur. De är kända för sin tjocka päls.

Malteser är preppy små vita hundar, och de älskar uppmärksamhet.

Burmesiska bergshundar är mycket stora men mycket milda.

Pomeranians är fluffiga små hundar. De har djärva personligheter.

Rhodesian Ridgebacks har en "kant" av hår på ryggen. De används för jakt.

Irländska settrar är eleganta, livfulla hundar. De är utåtriktade skönheter.

Papillons öron ser ut som fjärilar. De är vänliga sötnosar.

Whippets är supersnabba och väldigt smidiga och skonsamma mot sina människor.

Shar-Peis är mycket skrynkliga. De är lojala och skyddande hundar.

Dalmatiner är energiska hundar och är den officiella symbolen för eldhus.

Hundar hjälper människor varje dag.

Många hundar fungerar som tjänstedjur och hjälper människor med funktionshinder.

Sök- och räddningshundar arbetar för att lokalisera försvunna personer under katastrofer.

Hundar arbetar sida vid sida med polisen. Valpar som inte klarar träningen går till kärleksfulla familjer.

Terapihundar ger känslomässigt stöd till människor på sjukhus och i allmän säkerhet.

Hundar är en viktig del av vår vardag. Det är viktigt att ta hand om hundar. De är inte bara hårt arbetande utan viktiga medlemmar av vår familj!

Milton Keynes UK
Ingram Content Group UK Ltd.
UKHW051031011223
433548UK00004B/20